CHE GUEVARA
OS VALORES QUE MEU PAI ME ENSINOU

Aleida Guevara

Copyright © 2023, by Expressão Popular

Revisão: Aline Piva e Lia Urbini
Ilustrações: Massimo Mirioli
Projeto gráfico: Maria Rosa Juliani
Capa e diagramação: Mariana V. de Andrade
Impressão: Impress

Dados Internacionais de Catalogação-na-Publicação (CIP)

G939c   Guevara, Aleida
Che Guevara: os valores que meu pai me ensinou / Aleida Guevara ; revisão: Miguel Cavalcanti Yoshida e Aline Piva ; Ilustrações: Massimo Mirioli; tradução: Miguel Yoshida. – 1.ed. -- São Paulo : Expressão Popular, 2023.
40 p. : il

ISBN 978-65-5891-102-9
Título original: Che Guevara: los valores que mi padre me ha enseñado.

1. Guevara, Ernesto, 1928-1967 – Literatura infantil. 2. Literatura infantil – Valores. 3. Literatura infantil – Memórias. I. Urbini, Lia. II. Piva, Aline. III. Mirioli, Massimo. IV. Título.

CDU 82-93

Elaborada pela bibliotecária: Eliane M. S. Jovanovich - CRB 9/1250

Todos os direitos reservados.
Nenhuma parte deste livro pode ser utilizada ou reproduzida sem a autorização da editora.

1ª edição: junho de 2023

EDITORA EXPRESSÃO POPULAR
Alameda Nothmann, 806 – Campos Elíseos
CEP 01216-001 – São Paulo – SP
livraria@expressaopopular.com.br
www.expressaopopular.com.br
ed.expressaopopular
editoraexpressaopopular

Aleida Guevara

CHE GUEVARA
OS VALORES QUE MEU PAI ME ENSINOU

1ª edição
Expressão Popular
São Paulo - 2023

Quando eu era bem pequenininha, ainda não tinha nem 7 anos de idade, meu papai deixou de estar entre nós.

Então mamãe leu uma carta que ele tinha escrito para despedir-se de seus filhos se ele não pudesse se despedir pessoalmente. É uma carta muito bonita, que nos deixa muitos ensinamentos e objetivos para a vida, por isso quero compartilhá-la com vocês.

Como éramos muito pequenos, não temos muitas lembranças de papai; imaginem que quando ele estava em casa, como era um dirigente muito importante do meu povo, ele trabalhava muito e nós quase não o víamos.

Por isso, a mamãe nos contava muitas coisas sobre ele, para que pudéssemos conhecê-lo.

Papai queria um mundo melhor para todos, com igualdade de condições, independente da cor da pele, da religião professada ou da forma de ver o que nos cerca; sim, olhe em volta e pergunte ao seu amiguinho o que mais chama a atenção dele, aí de onde vocês estão.

Desenhe sua família

A dureza destes tempos não deve nos fazer perder a ternura de nosso coração

Você vai ver que cada um de nós vê coisas diferentes. Sabe o quê? Isso é interessante, porque se todos pensássemos igual, você não acha que nossa vida seria muito chata?

Ah, mas para entender isso precisamos conhecer quem somos, de onde a gente vem, quem são nossos pais, de onde vêm nossos avós, e precisamos aprender a respeitar essas diferenças. Se somos inteligentes, sempre podemos aprender algo novo escutando nossos avós, nossos pais, nossos amigos, o que você acha?

Não devemos perder a esperança; precisamos do compromisso de reconhecer a injustiça e ajudar a combatê-la, todos os dias, para que ninguém sofra.

Vamos juntos ler essa carta e cada um de nós seremos capazes de encontrar nela o que achamos ser mais útil para cada um e para todos.

A meus filhos

Queridos Hildita, Aleidita, Camilo, Celia e Ernesto:
Se em algum momento tiverem que ler esta carta, é porque eu já não estarei entre vocês.

Vocês quase não se lembrarão mais de mim e os menorzinhos não se lembrarão de nada.

Seu pai foi um homem que age como pensa e, tenham certeza, foi leal a suas convicções. Cresçam como bons revolucionários. Estudem muito para poder dominar a técnica que permite dominar a natureza. Lembrem-se que a Revolução é o mais importante e que cada um de nós, sozinho, não vale nada. Sobretudo, sejam sempre capazes de sentir no mais profundo qualquer injustiça cometida contra qualquer um em qualquer parte do mundo. Essa é qualidade mais linda de um revolucionário.

Até sempre, filhinhos, espero ainda ver vocês. Um beijo bem grande e um grande abraço do Papai.

Desde muito jovem, meu papai queria conhecer tudo. Por isso fez uma viagem em uma bicicleta, colocou um motorzinho e foi montado nela a muitas partes do seu grande país, a Argentina.

Mas como ele queria conhecer muito mais, decidiu fazer uma viagem com seu amigo Alberto Granado pela Grande Pátria Americana.

Eles queriam conhecer todo o continente e para isso atravessaram umas montanhas muito altas, que chamamos de Cordilheira dos Andes.

> *As únicas coisas pelas quais vale a pena lutar são aquelas sem as quais não vale a pena viver.*

Eles viveram muitas aventuras que papai depois escreveu em um diário de viagem, porque isso é muito importante; para podermos lembrar tudo, é bom anotar as coisas que vamos descobrindo.

Nessa viagem, ele conheceu muitas coisas. Mais que isso, ele viu muitas pessoas que viviam com grandes dificuldades, a ponto de que grande parte delas só podia comer uma vez por dia e nem todo dia, e ele achou que isso não era justo.

Ele já estava estudando medicina e sonhava em ser um médico famoso, capaz de curar doenças muito graves, mas nessa viagem ele se deu conta que existe uma doença muito mais importante, que é a injustiça social. Por que tem pessoas com tantas coisas e outras sem nada ou com muito pouco? O que vocês acham? Vocês acham isso certo?

> *Cada um de nós sozinho não vale nada*

Por isso, em sua carta de despedida, ele nos pede que sintamos a injustiça cometida contra qualquer um, em qualquer parte do mundo, como se fosse contra nós mesmos, e que essa era a qualidade mais bonita em um ser humano.

Por mais que papai tenha viajado pelo mundo, ele não conseguiu visitar tudo, então ele lia.

Ele lia muito. Em todo tempo livre que tinha, ele estava lendo, porque assim, podia conhecer mais e entender melhor os diferentes povos que habitam este mundo.

Ele leu sobre a história das grandes civilizações da humanidade, sobre os grandes pensadores e filósofos, e aprendeu muito com eles.

Meu papai sabia que nos livros estavam sintetizados os grandes descobrimentos, a maior das sabedorias. Por isso, na carta, ele nos pede que estudemos muito, porque essa é a única forma de compreender e conseguir transformar a natureza, respeitando-a, cuidando muito dela, para poder tirar os melhores benefícios dela.

Por isso é tão importante cuidar do planeta em que vivemos. Tem um jornalista que diz que esta é a única nave espacial que todos temos e temos que cuidar muito dela.

Portanto, não podemos permitir guerras. A paz é muito importante, mas para que realmente haja paz, é preciso haver justiça para todos.

Como vocês já sabem, meu pai sempre lutou por essa justiça, tratando de fazer com que todos os seres humanos sentissem o direito de serem livres, de serem tratados com dignidade e respeito.

Ninguém é inferior, nem melhor que outra pessoa, todos somos iguais como seres humanos, todos respiramos, todos choramos, todos rimos, todos amamos; é verdade que temos cores de pele diferentes, é verdade que nosso cabelo pode ser ondulado ou liso ou mais escuro ou mais claro, é verdade que nossos olhos e bocas podem ser diferentes, mas isso é mesmo importante?

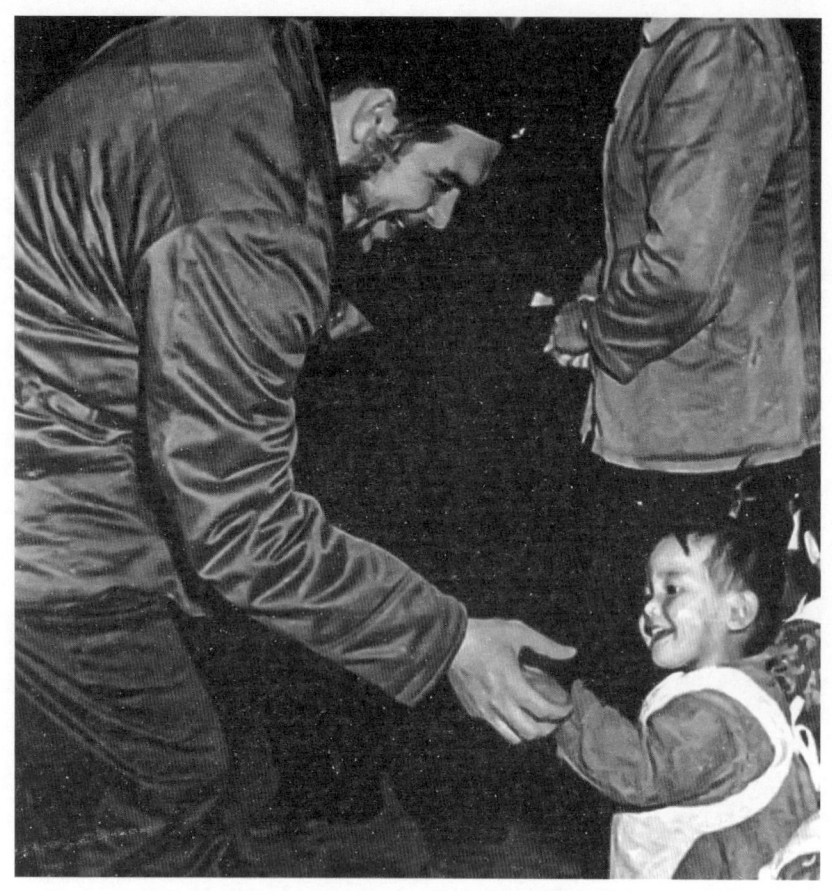

> *Enquanto a cor da pele não seja considerada como a cor dos olhos, seguiremos lutando.*

    Vamos fazer um exercício: pegue na mão do seu amiguinho, fiquem de pé em frente a uma parede e coloquem uma luz sobre vocês. O que vocês veem na parede? Somente a sombra. Ninguém que veja essa sombra poderá saber se vocês são brancos, negros ou se são verdes, vermelhos, não é mesmo?

Desenhe seus amigos

Muita gente diz que meu pai é herói, e sabem, concordo com elas. Mas os heróis não são homens ou mulheres isolados, não, nada disso, os heróis sempre estão rodeados de outros heróis e juntos lutam por um mundo melhor. Sozinhos não valemos nada.

O importante é o conjunto humano, o povo, a sociedade e, às vezes, a tarefa mais difícil é fazer esse conjunto de pessoas entender que todos juntos podemos transformar a realidade.

Tem pessoas que só pensam em si mesmas, em suas necessidades, mas não lhes interessa o que está acontecendo com seu vizinho, isso é muito feio, mas infelizmente existe e também temos que entender isso.

O que podemos fazer é mostrar a eles, com nosso exemplo, que sim é possível, e que não há melhor coisa no mundo que ser útil a outro ser humano.

Fique atento a todos os seres humanos a sua volta e trate de ajudar os que precisam de ajuda. Se um companheirinho está com as tarefas de casa atrasada, ajude-o, seja solidário, e com certeza você será mais feliz.

Papai era um homem que sabia amar, quando você estiver um pouco maior, leia os poemas que ele lia para minha mamãe. Tem um que gosto muito, é do Pablo Neruda, um grande poeta latino-americano que nasceu no Chile, e o poema se chama *Farewell*.

Por mais que eu ache que você terá que esperar um pouco mais para entender o poema, já quero que você saiba que os meus pais se amavam muito.

Papai sempre foi um homem muito valente, ele conseguia dominar seus medos. Sim, meu amiguinho e minha amiguinha, todos temos medo e isso não é ruim, é normal, mas o que não podemos permitir nunca é que esses medos nos dominem.

> [...] *uma grande sensibilidade diante de todos os problemas, grande sensibilidade frente à injustiça.*

Meu papai tinha asma, uma doença respiratória muito desagradável, e isso o limitava fisicamente, mas ele sempre superava essa doença e vivia como qualquer outra criança ou jovem.

Certa vez, ele cruzou a nado um afluente do Rio Amazonas, um dos maiores do mundo. Foi difícil, mas ele conseguiu, e passou o seu aniversário com pessoas que tinham uma doença chamada lepra e estavam isoladas na outra margem do rio.

Papai sempre foi assim, protegeu os que mais necessitavam e sempre tratou todo mundo com muito respeito.

Nem sempre alcançamos a vitória, em alguns momentos as circunstâncias nos derrotam ou nós mesmos não estamos suficientemente preparados para conquistar essa vitória, mas o importante é não desanimar nunca, temos que aprender com essa derrota, ver onde erramos e nos preparar melhor para a próxima jornada.

Desenhe seu autorretrato

Se os seus limites se parecem com muros ou exércitos de soldados invencíveis, use sua criatividade. Todos temos isso no fundo do nosso coração.

Cada um tem riquezas em seu coração, você tem que encontrar as suas para vencer as dificuldades que possa encontrar em seu caminho.

Então essa carta do meu papai será muito útil para você também.

Um forte abraço e *hasta siempre*.